La cité d'Aigues-Mortes

siècle, Saint Louis, en vue de recon-
Terre sainte, décide de donner à son
e un port sur la Méditerranée. La cité
s-Mortes est construite *ex nihilo* sur
ie palustre de la Camargue. C'est d'Aigues-Mortes que le roi embarquera pour la septième croisade.

** Les termes suivis d'un astérisque sont expliqués dans le glossaire en fin d'ouvrage.*

Le donjon*, appelé « tour de Constance », et les 1 634 mètres de remparts flanqués de vingt tours sont achevés en moins de cinquante ans; les fortifications, d'une grande homogénéité, protègent la ville, bâtie sur le plan régulier des bastides*.

Double page suivante : vue aérienne de la cité d'Aigues-Mortes, du nord vers le sud.

Aigues-Mortes ne connaît qu'une brève prospérité. La décadence survient dès le XIVe siècle en raison de l'ensablement des canaux et du port, et de la concurrence de la ville portuaire de Marseille.

Après la révocation de l'édit de Nantes en 1685, tout au long de l'Ancien Régime, la tour de Constance constitue la plus grande prison protestante du royaume.

Aujourd'hui, la cité d'Aigues-Mortes représente, en France, l'un des ensembles d'architecture militaire médiévale les plus beaux et les mieux conservés.

Les toits de la cité, la porte des Remblais et la tour de Constance vus depuis le front sud-ouest.

HISTOIRE

La royauté française et le littoral languedocien

Philippe Auguste, roi de France de 1180 à 1223, entreprend de restaurer l'autorité monarchique dans son royaume. De 1209 à 1271, la politique de reconquête des Capétiens se déploie dans le Midi : la fondation d'Aigues-Mortes en 1240 en constitue l'acte le plus symbolique. De nos jours encore, les monuments de la ville affirment cette souveraineté.

Le roi et le comte de Toulouse

Entre une Aquitaine anglaise et une Provence qui dépend du Saint Empire germanique, le Languedoc se trouve en partie sous l'hégémonie de Raymond VII, comte de Toulouse, dont la famille étend son pouvoir jusqu'en Palestine avec le comté de Tripoli. Une telle puissance peut être tentée de rivaliser avec la monarchie française, et même espérer s'affranchir de cette autorité lointaine.

Statue de Saint Louis, le roi Louis IX, datant du XIXe siècle, conservée en l'église Notre-Dame-des-Sablons à Aigues-Mortes.

Sous couvert de religion, le roi de France trouve dans la croisade menée contre les Albigeois de 1209 à 1229 le moyen de rogner sur les confins orientaux des domaines des comtes de Toulouse. Il y établit la sénéchaussée de Beaucaire, puis celle de Carcassonne, à la tête desquelles sont placés non pas des seigneurs locaux mais des administrateurs, des fidèles du roi envoyés là depuis Paris. Dans cette nouvelle distribution des pouvoirs, qui jette les bases d'un centralisme d'État, les partisans du comte de Toulouse voient naturellement leurs libertés diminuées ; ils tentent à plusieurs reprises, en 1240 et en 1242 notamment, de se révolter.

Les troubles s'estompent cependant après la mort de Raymond VII en 1249 : le comté passe sous l'autorité d'Alphonse de Poitiers, frère de Louis IX, roi de France ; il est finalement absorbé par la Couronne en 1271.

Le roi contrecarre l'expansion aragonaise

Depuis le début du XIIIe siècle, le roi Jacques Ier d'Aragon, comte de Barcelone et de Roussillon, a pris pied sur le littoral languedocien en devenant seigneur de Montpellier. Sa présence complique le système des liens féodaux – un roi se trouvant en situation de prêter hommage à un autre roi, comme dans le cas de l'Aquitaine – et aggrave les tensions politiques. Ainsi entre-t-il dans des alliances et des liens de personnes qui l'amènent aussi bien à revendiquer Carcassonne qu'à tenter de faire passer le comté de Provence dans sa famille.

Après 1240, pour faire obstacle à cette politique, Louis IX dote la cité de Carcassonne de fortifications.

En 1245, il coupe court aux menées matrimoniales de Jacques Ier d'Aragon en faisant accorder la main de l'héritière du comté de Provence à son frère Charles d'Anjou.

En 1248, le traité de Corbeil règle les questions en suspens entre la France et l'Aragon au sujet du Languedoc occidental.

Désormais, les ambitions de Jacques Ier se reportent sur les îles de la Méditerranée. Dans la seigneurie de Montpellier, Louis IX restaure ses droits : en 1255, il parvient à s'assurer l'allégeance de l'évêque de Maguelone – passant outre en cela à certaines prérogatives du Saint-Siège – puis contraint le roi d'Aragon à prêter hommage à ce prélat, lequel, dorénavant, lui est tout acquis.

Le royaume s'ouvre sur la Méditerranée

Louis IX est le premier roi capétien à disposer en propre d'un accès à la Méditerranée. Un grand souverain se doit d'être présent sur ces rivages car les puissances d'Occident maîtrisent le trafic maritime. À l'heure du reflux musulman, des vaisseaux chrétiens naviguent principalement entre Barcelone, Gênes ou Venise et les côtes d'Afrique du Nord et du Levant.

Mais il est une raison plus noble que le négoce : un roi accompli doit servir la foi en luttant pour la libération de Jérusalem et du tombeau du Christ. Louis IX, qui incarne les vertus du bon prince, prend la croix par deux fois. Ses successeurs vont s'efforcer de l'imiter jusqu'au milieu du XIVe siècle.

Couverture d'un cahier d'écolier, vers 1900 (collection particulière).

Embarquement de Saint Louis le 25 août 1248, miniature, vers 1330-1340 (Paris, Bibliothèque nationale de France).

Les croisades de Saint Louis

En décembre 1244, Louis IX prend la croix. Il s'embarque à Aigues-Mortes le 25 août 1248 pour Chypre puis l'Égypte. À peine débarqué, il s'empare de Damiette, mais son armée est vaincue à Mansourah, en avril 1250, et lui-même fait prisonnier. Libéré, il reste jusqu'en 1254 en Palestine, où il fait relever les murailles des places franques. Le roi s'embarque de nouveau à Aigues-Mortes le 1er juillet 1270, en direction de la côte tunisienne. Il meurt à Carthage peu de temps après (le 25 août), victime de la peste.

La ville de Saint Louis

Vers 1240, Louis IX entreprend la construction d'une ville à la limite de son royaume : un bras du Rhône, se jetant près de l'actuel Grau-du-Roi, sépare alors la France des

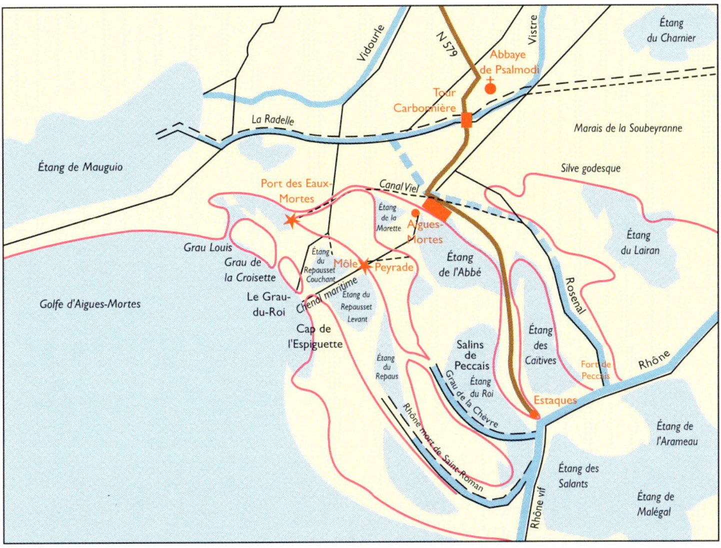

Essai de reconstitution du littoral d'Aigues-Mortes au XIIIe siècle

- Ports d'Aigues-Mortes
- Simples débarcadères
- Canaux créés sous Saint Louis
- Routes
- Limites du littoral au XIIIe siècle
- Canaux, cours d'eau
- Chenaux successifs du Rhône
- Cours d'eau ou chenaux atterris

0 2 4 km — N

terres provençales de l'Empire. La configuration du littoral est à l'époque assez voisine de celle que nous connaissons aujourd'hui : un lido*, en voie de lent colmatage, protège une lagune ouverte sur la mer et qui donne accès à une série d'étangs. La plus grande partie de cet espace dépend de l'abbaye bénédictine de Psalmodi, fondée au VIIIe siècle sur une île au milieu des marais. Près du point de contact entre la lagune et le premier des étangs, dit « de l'Abbé », est mentionné en 1226 un port des Eaux-Mortes, fréquenté par des commerçants marseillais et montpelliérains. C'est au bord de l'étang de l'Abbé, sur un site presque désertique, à mi-chemin entre ce port et l'abbaye, que Saint Louis décide de fonder sa ville.

La fondation d'une ville

Sur son ordre, on commence par élever la « grosse tour du Roi », appelée plus tard « tour de Constance ». Achevée en 1248, elle est faite autant pour surveiller le littoral que pour être vue : elle guide les marins grâce à son phare et, surtout, signale par sa masse imposante la présence souveraine du roi. Au pied de cette tour s'élève un château, aujourd'hui disparu ; une palissade ceint le tout.

Parallèlement à la construction de la tour, le roi mène une longue négociation avec l'abbé de Psalmodi afin d'obtenir la rétrocession des terres dont il veut doter sa ville. L'accord est solennellement conclu en 1248.

Sous la protection de la forteresse rapidement érigée, le roi jette les fondations d'une ville qu'il veut exemplaire. Dès 1246, il accorde à une population à peine constituée une charte de privilèges particulièrement favorable. Aucune cité de la région n'a obtenu de libertés aussi étendues. Il s'agit sans doute d'y attirer des habitants, mais ces franchises peuvent être appréciées, néanmoins, comme la marque suprême de la munificence royale.

Au centre de la cité se dresse l'église paroissiale Notre-Dame-des-Sablons, terminée avant 1260. Elle s'ouvre sur la place publique qui en forme le parvis. Face à elle est élevée la maison consulaire, là où se trouve l'actuel hôtel de ville. On sait peu de chose sur les constructions privées, nombre d'entre elles ayant été bâties en matériaux légers faute de carrières proches. Longtemps, la population s'est concentrée dans la partie ouest de la ville ; son plan orthogonal, caractéristique des bastides, avec des rues ordonnées vers la place centrale, est un exemple unique en Languedoc oriental. À l'est s'étend un espace plus ouvert, que n'occupe alors qu'un couvent de franciscains – et sans doute aussi le cimetière de la ville –, auquel viendra s'ajouter un hôpital en 1346.

L'église Notre-Dame-des-Sablons depuis la place Saint-Louis.

Les liaisons avec l'intérieur

Il est bien dans les projets du roi de fortifier la ville, mais ces grands travaux sont reportés. Une nécessité plus immédiate se fait sentir : unir la ville à son arrière-pays et aux grands centres du commerce. Avant 1270, fin du règne de Louis IX, Aigues-Mortes est reliée par voie d'eau à Arles et à Montpellier grâce à l'ouverture de deux canaux, ou « roubines », en direction du Rhône et de l'étang de Mauguio. Ainsi sera acheminée la masse des pierres destinées aux murailles. D'autre part, la route menant de l'abbaye de Psalmodi à Nîmes est prolongée vers Aigues-Mortes avec, jeté sur le Vistre, le pont de la Carbonnière sur lequel est érigée une tour. Par cette série de travaux se révèle l'ambition du roi : faire de sa ville, à la fois maritime et fluviale, un important relais sur les voies du commerce européen, entre Provence et Languedoc, entre l'axe rhodanien – avec, par-delà, la Champagne et ses foires – et la Méditerranée.

Un avant-port favorable

Si Louis IX commande d'amples travaux à Aigues-Mortes, il délaisse le port. Car bien des ports, en ce milieu du XIIIe siècle, devaient

Chargement des navires, miniature, 1352 (Paris, Bibliothèque nationale de France).

leur qualité beaucoup plus à leurs avantages naturels qu'à leur aménagement par l'homme. Or, la lagune sur laquelle se situait le port primitif des Eaux-Mortes, encore largement ouverte sur le large, offrait aux navires de mer un mouillage profond, à l'abri des vents et de la houle. De là, les marchandises étaient convoyées à l'aide de barques à fond plat, appelées « caupols », vers la ville et l'intérieur.

C'est dans cette lagune qu'en 1248 et en 1270 se sont rassemblés les navires qui allaient transporter le roi Saint Louis et les croisés. Ainsi fonctionnait un ensemble fait d'une ville et d'un avant-port, modèle qu'on rencontre, à une autre échelle, dans les cités maritimes du Languedoc, de Narbonne et de Montpellier.

À la fin du règne de Louis IX donc, grâce aux dépenses consenties, la ville d'Aigues-Mortes, blottie au pied de la forteresse royale, possède une organisation municipale, un petit territoire, un port et des voies de communication. Mais elle est encore faiblement peuplée et demeure une ville ouverte.

Un port des croisades

Déjà en 1239, des croisés étaient partis du port qui existait avant la ville, malgré le climat malsain des Eaux-Mortes.

Longtemps avant le départ de Louis IX en 1248, des équipements et des vivres avaient été rassemblés à Aigues-Mortes pour y être embarqués. Mais la France du XIIIe siècle n'était pas une puissance navale et, dès 1246, Saint Louis avait dû s'adresser à Marseille, Venise et Gênes pour louer ou acheter des navires, tandis que les villes maritimes en affrétaient de leur côté. Il y en eut 1 800 réunis à Chypre en 1249. Mais 38 seulement avaient quitté Aigues-Mortes avec le roi.

En 1270, les croisés étaient tous convoqués dans ce port, où rien n'existait pour les accueillir. Des rixes éclatèrent, et le roi, qui passait les derniers jours à Saint-Gilles, fut contraint d'y venir rétablir le calme. En outre, le nombre des places à bord était limité. Certains croisés allèrent jusqu'à solliciter l'intercession papale, d'autres, rejetés de toutes parts, se lancèrent ni plus ni moins dans la piraterie.

La ville après 1270

Les successeurs de Saint Louis ne se contentent pas de poursuivre le chantier déjà ouvert de l'enceinte. Ils s'attachent en même temps à une entreprise nouvelle, qui consiste à établir un autre port plus près de la ville. En 1272, pour mener à bien ces deux projets, Philippe III le Hardi s'assure les services de Guillaume Boccanegra. Cet ancien capitaine est connu dans le port, où on le trouve dès 1249 comme consul* des Génois. Bien des Italiens, du reste, participent non seulement au commerce mais aussi au peuplement d'Aigues-Mortes, plusieurs des premiers consuls de la ville étant « lombards » d'origine.

Les remparts

L'enceinte est entreprise en commençant par le nord. Mais, à la mort de Boccanegra en 1274, la construction n'en est vraiment qu'à ses débuts. En 1286, lors de la guerre entre la France et l'Aragon suscitée par l'affaire des Vêpres siciliennes, l'amiral Roger de Loria se jette sur la ville encore ouverte. Et, afin d'empêcher le ravitaillement des Français, lance des raids sur la côte d'Aigues-Mortes et s'empare des navires mouillant au port. Un tel désastre accélère peut-être le chantier: avant la fin du XIIIe siècle, en tout cas, l'enceinte est achevée, ainsi que la tour Carbonnière qui, au nord, commande l'entrée de la ville par la route.

L'unique porte du royaume

Pour faciliter l'accès des navires, les travaux sont menés avec diligence. Dès 1278, le cordon littoral situé au sud d'Aigues-Mortes est percé et un môle* de pierre, appelé « Peyrade », est construit. Le choix du site a pour principal avantage de rapprocher les activités portuaires: par le chenal ouvert, les galères et autres embarcations à fond plat peuvent parvenir jusqu'au pied de la ville. Cette même année, Philippe III le Hardi contraint les marchands italiens à transférer leur domicile de Montpellier à Nîmes, dont Aigues-Mortes serait en quelque sorte

Front nord-est, côté ville, depuis la tour de Constance; de gauche à droite, la porte de la Gardette, la tour du Sel, la porte Saint-Antoine, les tours de la Mèche et de Villeneuve.

l'avant-port. Cette tentative n'a pas de suite, mais il en demeure une disposition capitale : l'obligation faite aux gens de mer de passer par Aigues-Mortes pour entrer dans le royaume ou en sortir, au lieu d'emprunter les « graus » (ou chenaux) qui dépendent de Montpellier. Cette mesure, autant politique qu'économique, donne une impulsion à l'activité du port. Par les entrepôts d'Aigues-Mortes transitent les épices et les produits d'Orient, apportés par les Vénitiens et surtout par les Génois ; dans l'autre sens, des marchandises proviennent des foires de Champagne, ainsi que les fameuses laines d'Angleterre qui, *via* l'Aquitaine et le Languedoc, sont expédiées vers les Républiques italiennes.

L'accroissement du territoire

Enfin, les successeurs de Saint Louis se préoccupent d'accroître les ressources des habitants en agrandissant le territoire de la cité. La dotation foncière dont Louis IX a pourvu sa ville est réduite : les quelque 1 800 hectares de terres sablonneuses ne forment qu'un très maigre terroir agricole. Dès 1269, le roi oblige les templiers à lui céder une forêt à l'ouest d'Aigues-Mortes. Puis les hospitaliers abandonnent une forêt voisine à Philippe III le Hardi. En 1272, le territoire de la ville s'étend ainsi jusqu'à l'étang de Mauguio. En 1290, enfin, au terme d'un échange avec le seigneur d'Aimargues et d'Uzès, Philippe IV le Bel récupère pour Aigues-Mortes les salines

Front sud-ouest, côté campagne ; de droite à gauche, la tour de la Poudrière, les portes de l'Arsenal et de la Marine.

de Peccais. Dès lors, l'exploitation du sel, avec les remparts et le port, caractérise définitivement la ville de Saint Louis.

Il aura fallu près de soixante ans pour doter Aigues-Mortes de puissantes fortifications et d'installations portuaires adéquates, et lui attribuer un territoire aussi large que possible compte tenu des droits de l'abbaye de Psalmodi sur les marais – que les rois du XIIIe siècle hésitent à remettre en cause.

Mais déjà apparaît le principal obstacle au véritable essor d'Aigues-Mortes : placé trop à l'intérieur de l'étang et trop près de l'embouchure du Petit-Rhône qui y déverse ses alluvions, le nouveau port du Môle ne cesse de s'ensabler, au point de rendre son accès périlleux pour les navires à fort tirant d'eau. Des travaux considérables et permanents seront nécessaires afin d'entretenir une activité portuaire, mais la volonté des rois finira par plier devant la toute-puissance de la nature.

Front sud-est, côté campagne ; de droite à gauche, les portes des Cordeliers et de la Reine.

Déclin du port, prestige de la place royale

L'éphémère apogée d'Aigues-Mortes se place au tournant des XIIIe et XIVe siècles. Dès 1320, des plaintes s'élèvent contre l'obligation d'aborder ce port ensablé. Mais les campagnes successives de réparation restent sans effet, et la tentative de Jacques Cœur, en

1423, de faire d'Aigues-Mortes la base de ses échanges avec le Levant se solde par un échec. Enfin, le rattachement de Marseille à la France (1481) et, par là même, l'abolition du monopole aiguesmortais (1484) marquent la fin du négoce d'outre-mer et réduisent le port à une simple étape du cabotage.

Sans doute la sollicitude royale ne fait-elle pas défaut à une cité fidèle – le massacre des Bourguignons en 1421 témoigne du loyalisme d'une ville tombée uniquement par ruse ou trahison entre les mains d'opposants à la Couronne. Mais tout essor est entravé par les fièvres endémiques qu'entretient le voisinage des marais et par la faiblesse des ressources agricoles sur un étroit terroir exposé aux crues du Rhône et du Vidourle. Ce qui n'entâme en rien le prestige de la forteresse royale. Ainsi est-ce bien là qu'en juillet 1538 se déroulera avec tout le faste voulu la rencontre, destinée à régler leurs différends, entre François Ier et Charles Quint.

Le chenal maritime de la mer à Aigues-Mortes, avec, au fond, le front nord-ouest des remparts.

Aigues-Mortes et les protestants

Aigues-Mortes, où le calvinisme est apparu en 1560, reste une place forte convoitée lors des guerres de Religion. En 1575, les troupes huguenotes s'emparent de la ville, détruisant le couvent des Cordeliers et la chapelle des Pénitents gris. À la paix de mai 1576, Aigues-

Les protestants prisonniers de la tour de Constance

L'édit de Nantes, « perpétuel et irrévocable », fut révoqué en 1685. Vint le temps d'une dure répression du protestantisme, marquée en Languedoc et dans les Cévennes par une solide résistance et la « guerre des Camisards » au début du XVIIIe siècle. Dès 1686, la tour de Constance, ainsi que d'autres tours de la forteresse, fut affectée comme prison pour les huguenots.

Register (résister), graffiti, attribué à Marie Durand, gravé sur la margelle de l'ouverture annulaire de la salle haute de la tour de Constance.

En 1705, le chef camisard Abraham Mazel, avec seize de ses compagnons, parvint à s'échapper de la tour en descellant une pierre d'une archère. À partir de 1715, la tour ne reçut plus que des femmes – des femmes du peuple en général et pour la plupart originaires des Cévennes –, emprisonnées en tant que réformées ou rien que pour avoir assisté à une assemblée religieuse. Leur nombre varia, sans jamais dépasser le chiffre de trente-huit. Les conditions de détention étaient des plus pénibles : l'humidité, l'obscurité, le froid durant l'hiver, et de rares sorties sur la terrasse. Certaines y moururent, des enfants y naquirent. Plusieurs abjurèrent, quelques autres bénéficièrent de mesures de clémence.

Marie Durand fut une de ces figures à la foi, aux convictions et à l'énergie inébranlables. Originaire de l'Ardèche, elle fut arrêtée très jeune, en 1730, dans le but essentiel de forcer son frère pasteur à se rendre aux autorités. Ce dernier fut pendu en 1732, mais elle-même ne sera libérée que trente-six ans plus tard, en 1768.

On lui attribue sans preuve l'inscription, sur la margelle de l'oculus de la salle haute de la tour de Constance, du mot *Register,* « résister », interpellation capitale pour la reconnaissance de la liberté de conscience.

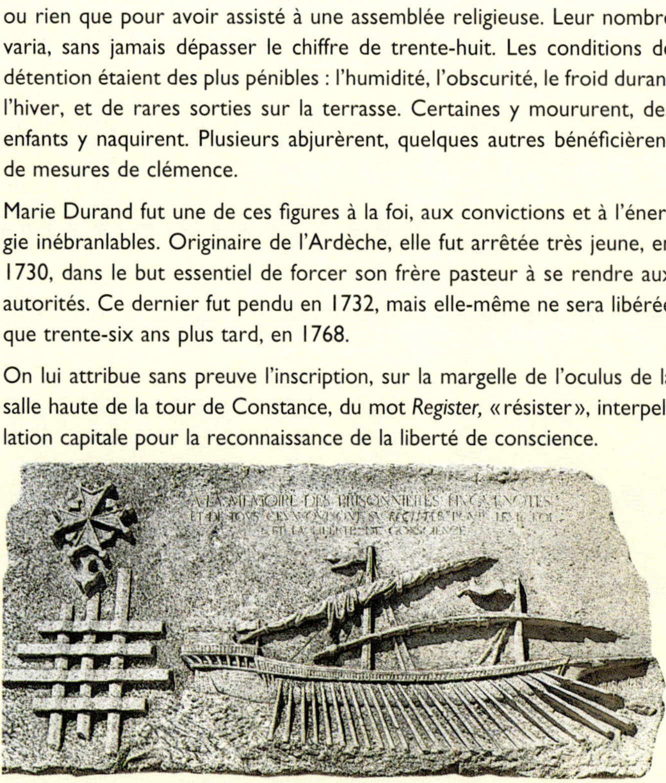

Stèle inaugurée dans la cour de l'hôtel du Gouverneur, le 30 août 1968, pour le bicentenaire de la libération des prisonniers protestants; y figurent une galère, une grille, la croix huguenote et ces mots : *À la mémoire des prisonniers huguenots et de tous ceux qui ont su* register *pour leur foi et la liberté de conscience.*

Mortes compte au nombre des huit places de sûreté accordées, devenant une cité protestante pour quarante-sept ans. Mais, le 22 août 1622, la ville est livrée par son gouverneur à Louis XIII venu l'assiéger. C'est l'heure de la Contre-Réforme – les capucins sont installés, les édifices religieux détruits restaurés – et de la cohabitation des deux communautés – dans une paix relative. À la révocation de l'édit de Nantes en 1685, la tour de Constance devient un lieu d'incarcération des huguenots promis à la mort ou aux galères. Après l'évasion en 1705 du chef camisard Abraham Mazel, les femmes seules y sont enfermées, dont Marie Durand, pendant trente-huit ans.

L'éveil de la cité endormie

Plan de la place d'Aigues-Mortes, extrait d'un atlas des places fortes du Languedoc, estampe, XVIIIe siècle (Paris, Bibliothèque nationale de France).

Au XVIIIe siècle, l'administration royale et les États du Languedoc ont su réaliser quelques améliorations décisives. En 1725 est percé un chenal entre la ville et Le Grau-du-Roi. À compter de 1746, les marais sont asséchés et, en 1772, est entâmé le chantier du canal de Beaucaire, terminé en 1811. Puis vient le détournement de la rivière du Vidourle vers la côte (1822-1847). Mais la cité bénéficie surtout de la crise du phylloxéra qui frappe le Midi vers 1875 : un vignoble est créé dans les sables à l'abri du parasite, ses revenus entraînant une expansion certaine de la ville, laquelle déborde alors de ses remparts. D'autre part, la mode des bains de mer, lancée vers 1850, commence à attirer les citadins, profitant également à Aigues-Mortes, que le chemin de fer reliera à Nîmes dès 1873.

En 1892, dans un climat de nationalisme exacerbé, le « massacre des Italiens » attire l'attention tout à la fois sur le dur labeur de l'exploitation du sel et sur une petite ville qui aurait pu se passer d'une telle publicité.

Désormais détournée de ses ambitions portuaires, Aigues-Mortes vit au rythme de ses étangs et du sel, sachant tirer parti du territoire sablonneux où s'élèvent ses murailles qui ne laissent pas de charmer le visiteur – qu'il ait nom Châteaubriand, Dumas, Taine, Mérimée, Barrès ou encore Frédéric Bazille.

Chronologie

1226 Première mention d'un port des Eaux-Mortes.

1239 Des croisés s'embarquent au port des Eaux-Mortes.

Vers 1240 Premiers travaux à Aigues-Mortes où le roi a décidé d'édifier une ville.
Début de la construction de la tour de Constance.

1246 Louis IX accorde une charte de privilèges aux habitants d'Aigues-Mortes.

1248 Le roi échange avec l'abbaye de Psalmodi le territoire d'Aigues-Mortes contre des terres près de Sommières.
Travaux d'aménagement : Aigues-Mortes est reliée au Rhône par le prolongement d'un ancien bras et vers l'étang de Mauguio par le percement de la Grande Roubine.
Louis IX s'embarque à Aigues-Mortes pour la septième croisade.

Avant 1260 Construction de l'église Notre-Dame-des-Sablons.

1269 Extension du territoire de la ville vers l'ouest.

1270 Départ de Louis IX pour la huitième croisade. Il meurt en Tunisie devant Carthage.

1272 Philippe III le Hardi passe contrat avec Guillaume Boccanegra pour la construction des remparts et l'aménagement du port. Nouvelle extension du territoire vers l'ouest.

1275 Création du port du Môle, de sa digue (la Peyrade) et du canal qui le joint à la ville.

1286 Le port est pillé par l'Aragonais Roger de Loria.

1291 Philippe IV le Bel échange avec le seigneur d'Aimargues et d'Uzès les salines de Peccais, contre divers revenus.

Vers 1300 La construction des remparts et de la tour Carbonnière est achevée.

1346 Fondation d'un hôpital.

1421 Guerre entre les Armagnacs et les Bourguignons. Destruction du château et massacre des Bourguignons.

1423 Aigues-Mortes devient le port d'attache de la flotte de Jacques Cœur.

1447 En raison de l'ensablement du port, Jacques Cœur va s'installer à Marseille.

1464 Le roi supprime le privilège obligeant les commerçants qui entraient ou sortaient du royaume à passer par Aigues-Mortes.

1481 Marseille devenue française, le port d'Aigues-Mortes connaît un déclin irrémédiable.

1538 Entrevue de François Ier et Charles Quint, qui scelle la réconciliation des deux souverains.

1575-1576 Guerres de Religion. Aigues-Mortes devient l'une des huit places de sûreté méridionales des huguenots.

1622 Le gouverneur protestant remet la ville à Louis XIII.

1686 Après la révocation de l'édit de Nantes, des protestants sont incarcérés dans la tour de Constance.

1705 Évasion spectaculaire d'Abraham Mazel.

1725 Percement du canal d'Aigues-Mortes à la mer et aménagement du Grau-du-Roi.

1768 Libération des dernières prisonnières protestantes.

1772 Début des travaux du canal de Beaucaire.

1811 Démantèlement de la forteresse; l'hôtel du Gouverneur est concédé au service des Douanes.

1903 L'enceinte et l'hôtel du Gouverneur sont classés monuments historiques.

1986 Abandon de l'hôtel du Gouverneur par le service des Douanes. La Caisse nationale des monuments historiques et des sites entreprend des travaux de réhabilitation du bâtiment. Mise en place d'un ascenseur dans la tour de Constance.

Le Front sud des remparts, par Frédéric Bazille, huile sur toile, 1867, détail (Montpellier, musée Fabre).

VISITE

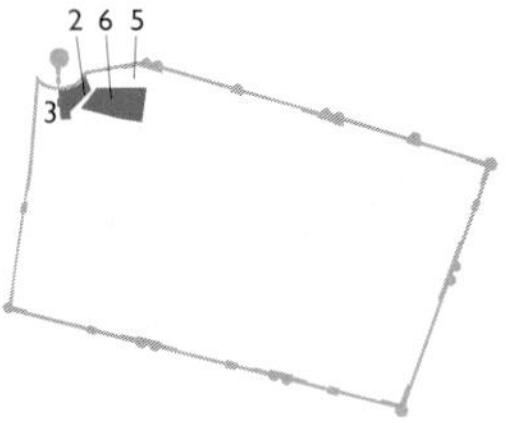

Le quartier militaire de la forteresse occupe l'angle nord-ouest de la ville : tour de Constance, casernes, hôtel du Gouverneur et place d'Armes.

La **place d'Armes**[5] est un vaste espace quasi rectangulaire de 1 740 mètres carrés, limité à l'ouest par le mur de retranchement de l'hôtel du Gouverneur et à l'est par l'actuelle rue Jean-Jaurès.

À son angle sud-ouest se trouvent les **casernes**[6], bâties entre 1746 et 1750 sur l'emplacement de plus anciennes. Jusqu'au XVIIe siècle, l'entretien de la garnison relève de la commune; par la suite, elle en est déchargée, mais elle doit assurer la construction des casernes. Des occupations successives – caserne de gendarmerie puis hôtel-restaurant – ont profondément marqué l'aspect initial de ce bâtiment.

Du **mur de retranchement**[2], dressé en 1624, qui enveloppait l'hôtel du Gouverneur, ne subsistent plus que deux pans sur les trois d'origine. Le premier comprend un chemin de ronde et un parapet* armé de meurtrières de fusillade. Le second, approximativement nord-sud, donne accès, par une large porte, à l'hôtel du Gouverneur. Ce mur n'a pas de chemin de ronde, mais il est pourvu, à hauteur d'homme, de meurtrières de fusillade. Une échauguette* ronde couverte d'une coupole garnit l'angle de ses deux pans. L'ensemble, à bossage*, paraît avoir été construit à l'aide de matériaux de remploi provenant peut-être de parties démantelées de l'enceinte médiévale – telle la barbacane* qui défendait la porte de la Gardette ? – ou du môle de la Peyrade, élément constitutif du port.

L'hôtel du Gouverneur

On accède à l'**hôtel du Gouverneur**[3] en traversant la cour délimitée par le mur de retranchement du XVIIe siècle où, en 1968, a été érigée une stèle à la mémoire des protestants victimes de l'intolérance passée.

Les casernes, l'hôtel du Gouverneur et l'échauguette du mur de retranchement vus depuis la place d'Armes.

La construction du bâtiment est difficilement lisible du fait de nombreux remaniements entre les XVIe et XVIIe siècles. Il s'agit d'une grande bâtisse rectangulaire, de quatre niveaux – le deuxième moins élevé que les trois autres – aux façades décorées d'ordres classiques, marquée par une cage d'escalier en avant-corps sur la façade postérieure.

Jusqu'à une date récente, ce bâtiment était affecté au service des Douanes. En 1986, des travaux menés sous la responsabilité de la conservation régionale des Monuments historiques ont permis de lui redonner des proportions plus conformes aux dispositions d'origine ou, du moins, à celles connues par des documents du XIXe siècle.

Le pont, l'hôtel du Gouverneur et le « mur conque », le mur de retranchement et les casernes vus depuis la terrasse de la tour de Constance.

Façade sur la cour d'arrivée de l'hôtel du Gouverneur, délimitée par le mur de retranchement.

L'histoire de ce bâtiment est complexe. Le logis occupe l'emplacement de l'ancienne maison du Roi incendiée en 1421 puis reconstruite : un texte de 1542 situe « la maison du Roi joignant la grosse tour de Constance ». Des documents de la fin du XVIIe siècle mentionnent toujours cette maison du Roi; s'agirait-il du « Vieux château » dont parle un texte de 1622 ?

Sur des plans de cette époque – les plus anciens concernant Aigues-Mortes –, on remarque un ouvrage, où débouche la tour de Constance, doté d'une enceinte polygonale maçonnée, à trois pans, munie de deux échauguettes. L'une subsiste, datée de 1624, et l'on sait que l'hôtel est en travaux en 1662.

Le mur de retranchement et son échauguette coiffée d'une coupole.

Malheureusement, les documents font défaut jusqu'au XVIIIe siècle, qui permettraient d'établir la succession exacte de ces châteaux. On appelle « mur conque » le mur qui réunit les deux parties de l'enceinte du Moyen Âge en arrière de la tour de Constance. Ce mur, de forme concave, de même que la réfection du pont de la tour de Constance et les remaniements du parapet de cette tour peuvent dater de la fin du XVIe siècle.

La zone nord de l'enceinte est celle qui, à l'époque moderne, a subi le plus de modifications, au point que son aspect a été totalement transformé: il fallait en effet l'adapter aux systèmes de guerre et, en particulier, aux fusils et aux canons.

On franchit l'entrée du logis par une belle porte centrale rectangulaire à encadrement de pilastres* ioniques. Après paiement du droit d'entrée, on traverse deux salles voûtées, seuls vestiges du logis plus ancien, artificiellement réunies pour les besoins de l'accueil. La première, voûtée en berceau*, constituait l'accès principal à l'hôtel. S'y voit au fond un escalier à cage rectangulaire, à quatre noyaux, daté des années 1660-1670. La seconde salle, voûtée d'arêtes, dessert la cour intérieure du logis. L'escalier, le plus bel élément de l'hôtel, conduit à trois étages de hauteurs inégales non visitables pour le moment. À l'époque moderne également a été implanté dans une tourelle cylindrique, sur la face nord du bâtiment, un escalier à vis* menant au chemin de ronde.

En pénétrant dans la cour intérieure, réaménagée à la fin des années 1980, on ne perçoit que partiellement l'aspect qu'elle présentait au long du XVIIe siècle; un bâtiment est-ouest la délimitait, un autre était adossé à l'enceinte médiévale. L'agencement de cet espace au XIIIe siècle nous échappe complètement, car nous ignorons tout du système qui reliait la tour de Constance à cette cour. Ce lieu a été aménagé pour la présentation de spectacles durant la belle saison.

Double page précédente : face arrière de l'hôtel du Gouverneur, sur la cour intérieure, montrant la cage de l'escalier du XVIIe siècle plaquée sur la façade du XVIe siècle.

Vue, depuis le nord-est, des niveaux supérieurs de la tour de Constance.

Escalier à cage rectangulaire de l'hôtel du Gouverneur.

La tour de Constance

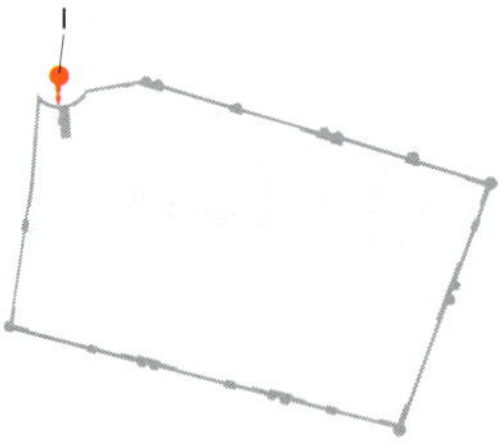

La **tour de Constance** [1], achevée en 1248, est un énorme volume cylindrique à empattement* taluté. Cet ouvrage, au décor homogène et précieux, a été exécuté d'un seul tenant. D'une hauteur totale de 30 mètres, surmontée d'une tourelle de 11 mètres, la tour a un diamètre de 22 mètres. On y accède par deux entrées, l'une au nord, l'autre au sud.

Les fondations reposent sur des pilotis profondément enfoncés pour assurer l'élévation sur ce sol marécageux. L'ouvrage est bâti en appareil* fourré ; le moyen appareil des revêtements ne comporte aucun bossage ni marques de tâcherons*, à la différence du reste de la construction du XIIIe siècle. La pierre peut provenir des carrières de Castillon-du-Gard, à une vingtaine de kilomètres au nord-ouest de Beaucaire.

L'aménagement de l'accès dans son aspect actuel est récent. Le pont à trois arches sur lequel circule le visiteur est une réalisation de l'époque moderne ainsi que le passage couvert qui traverse le mur conque. Le parapet haut de 2 mètres est armé de meurtrières et de créneaux de fusillade.

Quel était l'aspect initial de cette tour ? L'ouvrage était ceint d'un fossé annulaire en eau et d'un remblai. On franchissait ce fossé par des passerelles de bois qu'il devait être possible de retirer en cas de danger.

Cette tour n'a sans doute pas été isolée : il s'agit d'un ouvrage de défense d'un logis plus large et plus important, qui a fonctionné comme un sas de sécurité surveillant et contrôlant l'accès à ce château. Contrairement à une croyance solidement établie, rien n'indique un quelconque usage d'habitation. Ainsi, par exemple, n'y existe-t-il pas de latrines* au premier étage ; seule la tradition y voit l'« oratoire du roi ».

Nos connaissances sont très minces sur le château ancien. La présence d'un premier

Coupe nord-sud de la tour de Constance : pont à trois arches, cul-de-basse-fosse, salle basse, salle haute et terrasse surmontée d'une tourelle, par l'architecte Louzier, aquarelle, 1891 (Paris, Médiathèque du patrimoine).

châtelain y est attestée en 1249 : Jean Porcheron, dit châtelain de la « tour du seigneur roi des Français ». Mais, dès le début du XIVe siècle, la tour devint une prison – ce qu'elle restera pratiquement jusqu'à la Révolution.

Le nom de la tour de Constance, qui apparaît tardivement, ne renvoie pas à un personnage historique mais plutôt à son aspect architectural. Primitivement appelée la « grosse tour », elle comprend un cul-de-basse-fosse*, une salle basse, une salle haute et une terrasse surmontée d'une tourelle. On accède aux différents niveaux par un escalier à vis disposé dans une cage cylindrique aménagée dans le flanc de la construction et éclairée par trois archères*. Une quatrième ouverture donne du jour à la lanterne polygonale, incomplète et remaniée, qui la termine.

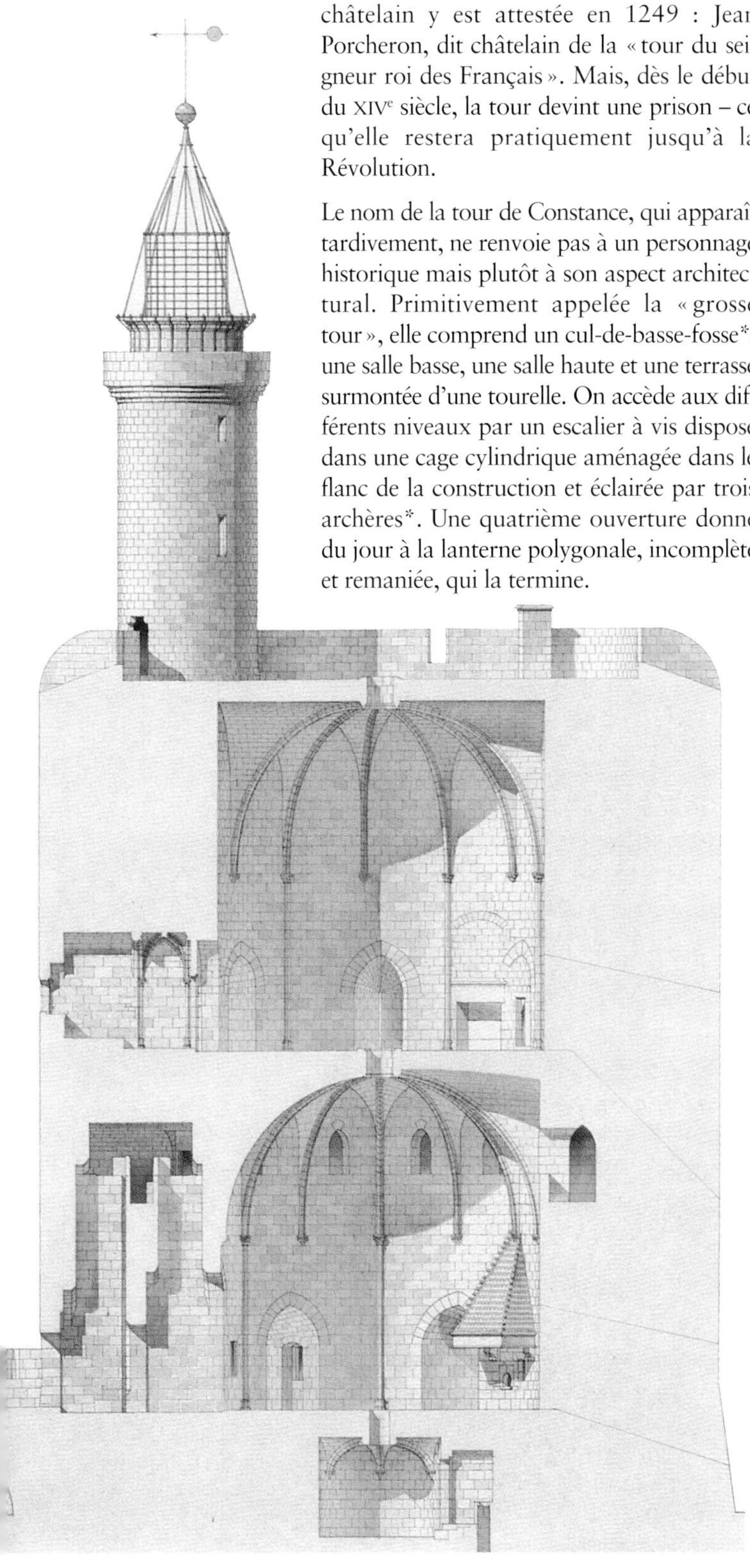

Salle basse de la tour de Constance.

Les constructeurs ont imaginé d'utiliser l'épaisseur du massif de 6 mètres pour l'ensemble des circulations, offrant ainsi un espace intérieur entièrement dégagé et réservé aux salles. On y trouve aussi bien les conduits de cheminées, le puits qui s'ouvre en salle basse, dans la coursière* et en salle haute, une citerne qui recueillait les eaux pluviales de la terrasse, des placards muraux dans la salle basse et l'entrée de l'escalier. Un ascenseur installé en 1986 dans l'épaisseur du mur médiéval permet d'atteindre directement la terrasse depuis la salle basse.

Le **cul-de-basse-fosse** ne se visite pas. De plan circulaire, il est couvert d'une voûte d'ogives à six quartiers avec une clef annulaire qui constitue son seul accès. C'est elle que l'on voit au centre de la salle basse. La présence de latrines indique que ce lieu, réservé normalement au stockage, a pu servir de prison.

La **salle basse**, de plan circulaire, est couverte d'une voûte à douze quartiers dont les ogives retombent alternativement sur des culots* décorés et des colonnettes polygonales. Comme dans le cul-de-basse-fosse, la clef de voûte annulaire permet la communication avec la salle haute. Quatre archères lui donnent une ouverture vers l'extérieur. Au nord, l'entrée est formée d'une double porte. Une herse* en bois fermait la porte intérieure.

En 1868, la construction d'une cheminée, qui abrite un four, entraîne la destruction d'une des colonnettes. Le décor de la hotte semble avoir été copié sur une cheminée plus ancienne. On note quelques placards muraux. De grandes dalles constituent le sol.

Cette salle basse a pour particularité de former un sas que l'on peut surveiller depuis une coursière annulaire, ouverte par onze baies, construite dans le massif du mur dans la partie supérieure de la salle. Ainsi les visiteurs passaient-ils l'entrée au nord pour accéder dans la salle où ils étaient surveillés et, en cas d'agression, repoussés depuis la coursière. L'accès au château s'effectuait par la porte sud que l'on pouvait elle aussi fermer et défendre depuis la coursière au cas où les autres points de défense antérieurement rencontrés par les assaillants n'auraient pas tenu.

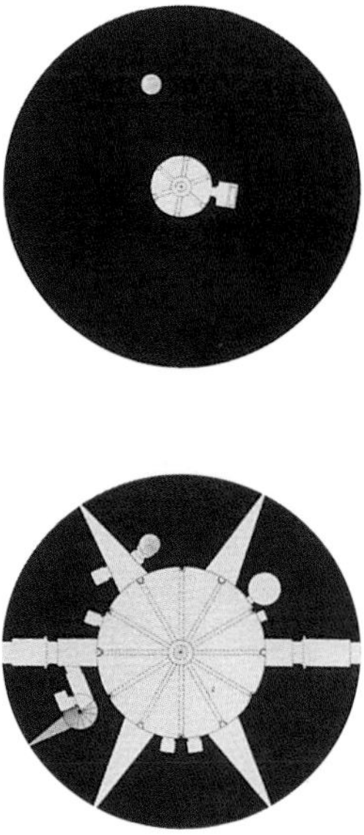

Plans au sol du cul-de-basse-fosse et de la salle basse, par Louzier, plume et encre de Chine, 1891 (Paris, Médiathèque du patrimoine).

La coursière commande les deux entrées; c'est à partir d'elle que le fonctionnement des assommoirs* et des herses est assuré. Une seule archère au nord permet de surveiller le débouché de la route devant la ville.

La qualité de l'architecture et de la décoration du **vestibule** qui précède la salle haute s'impose: son ouverture est en arc brisé* bordé de colonnettes et il comprend deux travées couvertes d'une voûte en berceau brisé et d'ogives dont les retombées reposent sur quatre colonnettes rondes. Une fenêtre éclaire cette dernière travée. La sécurité de l'accès à la salle haute est assurée tant par sa porte munie d'un vantail que par l'assommoir du vestibule servi depuis la cage d'escalier.

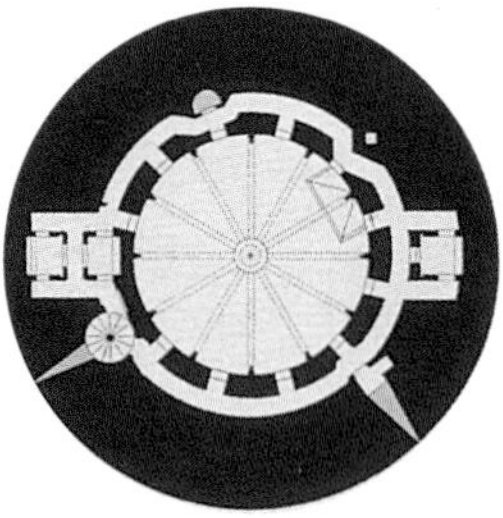

Plan au sol de la coursière annulaire de la salle basse, par Louzier, plume et encre de Chine, 1891 (Paris, Médiathèque du patrimoine).

Voûte et coursière
de la salle basse
et voûte de la salle haute.

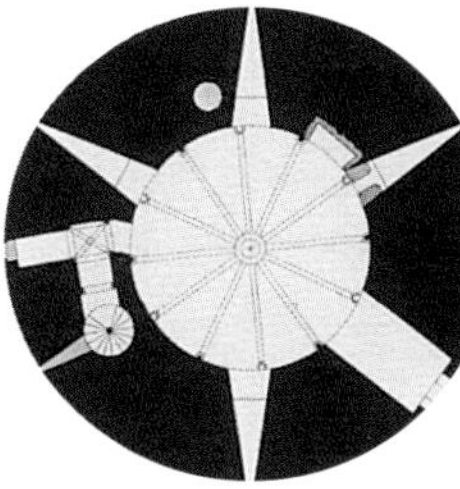

Plan au sol de la salle haute,
par Louzier.

Le plan de la **salle haute** est identique à celui de la salle basse mais avec des aménagements particuliers. La clef annulaire communique avec la terrasse comme ailleurs les clefs communiquaient avec les niveaux supérieurs. On y trouve une cheminée et cinq archères. La salle a servi de prison, en particulier pour des protestantes au XVIIIe siècle ; une archère a été remaniée et transformée en cellule, une autre aménagée en chambre rectangulaire éclairée d'une fenêtre. C'est sur la margelle de l'ouverture annulaire qu'a été gravé le fameux *Register* attribué à la plus célèbre des prisonnières réformées, Marie Durand.

Graffiti, probablement du XIIIe siècle, figurant un bateau à voiles latines, visible dans l'embrasure de la fenêtre du vestibule.

Voûte du vestibule d'entrée de la salle haute.

On peut aussi observer dans ce vestibule et dans l'embrasure de la fenêtre les graffitis de cinq bateaux, probablement du XIIIe siècle, gravés à la pointe. Deux de ces bateaux montrent des voiles latines*.

La **terrasse** comprenait six archères, murées aujourd'hui mais repérables de l'extérieur, le parapet ayant été remanié à l'époque moderne pour recevoir quatre embrasures à canon. Sa fonction de surveillance est évidente car elle domine très largement la région.

Par un escalier à vis établi dans la tourelle du sommet, on atteint une **coursière annulaire** où, dans une lanterne métallique, brûlait un feu qui servit de phare de l'origine à l'époque moderne. C'est également de cette tourelle que l'on surveillait les navires qui passaient au large. Des textes de 1298-1299 nous livrent diverses informations sur le rôle de cette tour : « [Il] a été d'usage de cette époque jusqu'à nos jours qu'un surveillant fût toujours placé sur la tour [...] et que, à la vue de toute espèce de navire passant devant ladite ville, il sonnât de la corne ou fît tel autre signe qui indiquât au gardien du port que quelque navire traversait ou voulait traverser. » Il s'agissait alors de percevoir les taxes sur les marchandises convoyées et notamment le droit, prélevé par la ville, d'un denier sur chaque livre de marchandise transportée, taxe initialement destinée à financer la construction de l'enceinte. Cette tourelle ne se visite pas.

L'enceinte

Construite entre l'année 1272 et la fin du XIIIe siècle, cette enceinte est légèrement retouchée à l'époque moderne et adaptée aux armes nouvelles. Le parapet de la tour de Constance, les retranchements autour du château, l'accès au château et à la tour… subissent alors des modifications. On ne perçoit plus aujourd'hui que l'ossature de pierre, toutes les superstructures de bois, en particulier les hourds* ainsi que les toitures, ont disparu.

Terrasse de la tour de Constance, avec son parapet échancré de quatre embrasures à canon, et la tourelle du phare à coursière annulaire.

Cette fortification dessine un quadrilatère irrégulier – les fronts ont respectivement 520, 325, 510 et 285 mètres de long –, flanqué de quinze ouvrages : cinq grands et cinq petits d'entrée – « les portes » –, deux tours de flanquement – « les tours » – et trois tours d'angle seulement car, à l'angle nord, la défense est assurée par la tour de Constance.

Le nombre, le type et la place des ouvrages ne se répondent pas d'un front à l'autre. Ainsi, le front sud-ouest comprend cinq ouvrages d'entrée contre deux seulement pour le front nord-est, plus vulnérable face à la terre et à l'unique chaussée qui conduisait à la ville. La défense du côté nord est renforcée par deux tours de flanquement particulières, celles du Sel et de la Mèche, l'étang qui mettait en relation la ville avec le port jouant un rôle de protection naturelle.

La tour de la Mèche du front nord-est.

Entre les ouvrages de défense, les courtines* sont formées d'un mur de 11 mètres de haut et de 2,50 mètres d'épaisseur, taluté à l'extérieur afin de mieux résister aux chocs, et qui présente deux niveaux d'archères.

Le chemin de ronde est toujours en chicane* par rapport aux tours et on n'est pas contraint de les traverser, exception faite pour la tour du Sel et pour tous les petits ouvrages d'entrée.

Un plan du début du XVIIe siècle représente l'enceinte médiévale doublée d'une enceinte bastionnée qui couvre les portes de la Gardette, Saint-Antoine, de la Reine ainsi que les trois tours d'angle. Les deux enceintes sont longées par des fossés en eau. Ces aménagements ont-ils été réalisés ? Les plans du XVIIIe siècle ne laissent pratiquement plus rien paraître, et si ces travaux ont vraiment été effectués, ils ont alors disparu, comme le fossé, sauf entre la tour des Bourguignons et la porte des Moulins. En 1811, la fortification est abandonnée par l'autorité militaire et, en 1903, classée monument historique.

Les portes des Moulins et des Galions du front sud-ouest.

L'ensemble de l'enceinte est construit en appareil fourré dont le revêtement est constitué en carreaux* et boutisses. Il est régulier, de dimensions moyennes, carré ou rectangulaire, de 0,25 mètre de haut et présente souvent un bossage plus ou moins régulier, qui coexiste avec un appareil lisse. Un appareil plus gros, d'une épaisseur de 0,35 mètre, succède fréquemment au moyen appareil dans les parties supérieures, aussi bien dans les courtines que dans les ouvrages de défense. Cette diversité signale peut-être plusieurs campagnes de construction.

La tour Carbonnière

À 3,5 kilomètres d'Aigues-Mortes, sur le territoire de l'actuelle commune de Saint-Laurent-d'Aigouze, au milieu des marais, la tour Carbonnière barre l'accès de l'unique route médiévale à la ville. On n'en connaît pas la date exacte de construction, qui devait cependant être achevée au début du XIVe siècle. Il s'agit d'une tour-porte de plan rectangulaire comprenant un passage au rez-de-chaussée voûté d'ogives avec assommoir et double herse, une salle de corps de garde au premier étage, également voûtée d'ogives, et une terrasse supérieure aux angles de laquelle quatre tourelles étaient primitivement élevées.

Cette tour appartient à la défense d'Aigues-Mortes, et l'on y retrouve toutes les caractéristiques architecturales de la forteresse.

La tour Carbonnière, ouvrage indépendant situé à l'extérieur, au nord de la cité, servant à filtrer l'accès à la ville.

De grandes interrogations demeurent quant aux techniques de fondation, faute de sondages archéologiques. L'existence est connue, à 1,50 mètre au-dessous du sol actuel, d'un radier* de longues dalles sur lequel repose l'empattement de la courtine, mais les fondations descendent plus bas.

Le matériau utilisé est un calcaire coquillé de couleur ocre jaune. On ne peut déterminer exactement sa provenance car les mêmes caractéristiques se retrouvent dans les affleurements du Burdigalien de la zone constituant le rebord de la plaine languedocienne entre Beaucaire et Montpellier. Des études permettent d'envisager que la car-

Les marques de tâcherons

On s'interroge sur l'origine exacte de ces marques que l'on voit très nombreuses sur les pierres de la fortification et qui se reconnaissent en grande quantité dans toutes les constructions du Moyen Âge. On en a compté plus de 600 à Aigues-Mortes. Les ouvriers étaient payés à la tâche : ces marques permettaient vraisemblablement d'identifier l'auteur du travail effectué. Notons, sans pour autant apporter d'explication satisfaisante, que l'appareil de la tour de Constance en est dépourvu.

Marques de tâcherons visibles dans le calcaire de l'appareil carré et rectangulaire, lisse et à bossage de l'enceinte.

Chambre de tir d'une archère, à deux niveaux, dans la courtine VI.

rière d'Aubais, à 25 kilomètres d'Aigues-Mortes, a fourni des matériaux de l'enceinte. Mais il existe un second matériau, en usage dans les couronnements des ouvrages, un grès dont l'origine doit se trouver plus au nord-est, dans le Vaucluse ou la région d'Uzès.

Les ouvrages de défense

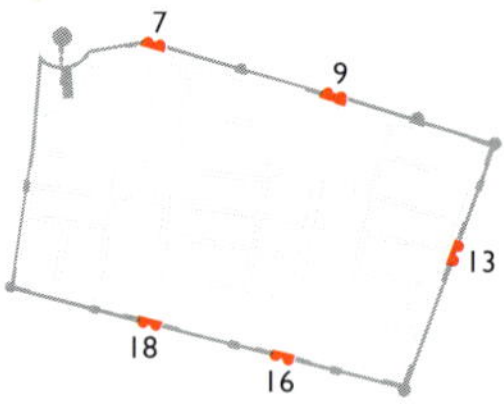

Les ouvrages de défense, à cheval sur les courtines, ont une terrasse couverte protégée par un parapet crénelé avec une archère par merlon*. On distingue trois types d'ouvrages.

Les grands ouvrages d'entrée

Portes de la Gardette[7], Saint-Antoine[9], de la Reine[13], de la Marine[16], des Moulins[18]

Elles se composent d'un corps central, de plan rectangulaire, accolé de deux tours de plan semi-circulaire, prolongé du côté de la ville par des massifs rectangulaires. En arrière des tours, le chemin de ronde se poursuit et raccorde les courtines de part et d'autre. C'est aux extrémités qu'aboutissent les escaliers intérieurs appuyés à la courtine, dits « escaliers militaires », qui permettent d'accéder depuis la ville au chemin de ronde.

Les portes de la Marine (front sud-ouest côté ville), de la Gardette et Saint-Antoine (front nord-est, côté faubourg et côté ville), par Louzier, aquarelles, 1889 (Paris, Médiathèque du patrimoine).

Les noms des ouvrages

Tous les noms des ouvrages remontent à l'époque moderne.

La porte de la **Gardette** doit probablement son appellation au voisinage du corps de garde. Dite également «porte de Nîmes» ou «porte», elle s'affirme vite comme l'entrée principale de la cité.

La tour du **Sel**, dite aussi «tour des Prisons militaires», a dû servir au stockage du sel; les graffitis de sa salle basse indiquent qu'elle a été utilisée pendant un temps comme prison. **Saint-Antoine** est le nom du cimetière installé non loin de la porte, dans le faubourg. L'ancienne dénomination de la tour de **Villeneuve** est «tour des Masques», sans que l'on sache précisément pourquoi. La porte des **Cordeliers** évoque le proche couvent de cet ordre et celle de la **Reine** le séjour d'Anne d'Autriche à Aigues-Mortes en 1622. La tour de la **Poudrière** et la porte de l'**Arsenal** sont probablement ainsi baptisées en raison de la proximité de l'arsenal de la place forte. La porte de la **Marine** tire son nom de son voisinage avec l'ancien port.

La porte des **Moulins** portait deux moulins à vent. Celles des **Galions** et de l'**Organeau,** anciennement et respectivement porte du Portalet et de Tioule, porte Tioulet et de Thieurre (de l'égout), s'expliquent par le voisinage du mouillage du vieux port. La tour des **Bourguignons** se nomme ainsi car la tradition prétend qu'en 1421, après le massacre de la garnison bourguignonne, les corps des vaincus ont été jetés dans cette tour et... salés pour une conservation provisoire. La porte des **Remblais** est le nom donné à la porte de Montpellier à la suite du remblaiement du fossé.

Au rez-de-chaussée se trouve une sorte de sas entre deux herses, protégé depuis le premier étage par un assommoir et depuis les salles basses par deux archères installées dans un réduit. Trois autres archères s'ouvrent sur la campagne. Le réduit, le couloir d'entrée et l'escalier à vis sont installés dans l'épaisseur du mur. Une porte à double vantail fermait ces ouvrages, l'un, côté campagne, l'autre, côté ville. Les portes de la Reine, des Moulins et de la Marine sont très semblables du point de vue de l'agencement intérieur, mais les dimensions des portes Saint-Antoine et de la Gardette sont supérieures.

Clef de voûte sculptée de la salle haute, tour droite, de la porte des Moulins.

Coupe transversale de la porte de la Marine, par Louzier, aquarelle, 1889 (Paris, Médiathèque du patrimoine).

Au premier étage, les salles centrales, carrées ou rectangulaires, sont couvertes d'une voûte d'ogives à quatre quartiers et à clef ornée. L'accès s'effectue depuis le chemin de ronde en façade postérieure – en façade latérale pour les portes de la Reine et des Moulins. Six quartiers d'ogives couvrent les salles hautes.

Les terrasses sont similaires, avec trois à quatre archères côté ville et six à sept côté campagne. La cage d'escalier s'ouvre dans le couloir d'accès de la salle basse – pour les portes de la Reine, des Moulins et de la Marine – ou est reportée dans le massif latéral à la jonction avec la courtine – pour les portes Saint-Antoine et de la Gardette.

Les latrines des salles basses sont accessibles par des coursières. Certaines ouvrent sur les escaliers – porte de la Marine –, d'autres sont aménagées dans le massif des tours côté campagne.

Cheminée à l'étage de la porte Saint-Antoine, par Louzier, aquarelle, 1889 (Paris, Médiathèque du patrimoine).

Voûtement sur croisée d'ogives d'une des salles de la porte de la Marine.

Double page suivante :

la porte des Cordeliers (front sud-est, côté campagne et côté ville), les tours de Villeneuve (angle des fronts nord-est et sud-est, côté campagne) et des Bourguignons (angle des fronts nord-ouest et sud-ouest, côté ville), par Louzier, aquarelles, 1889 et 1891 (Paris, Médiathèque du patrimoine).

L'éclairage se fait par plusieurs fenêtres rectangulaires ouvertes côté campagne et, à la porte de la Reine, également par une archère pratiquée dans chaque tour. Des cheminées existent partout à l'étage.

Un plancher recoupait les salles basses des portes des Moulins et de la Marine; divers dispositifs de bois, dont nous ignorons la fonction, sont illustrés par des négatifs dans la pierre.

L'agencement de la porte de la Reine tranche sur l'uniformité. Aux extrémités de la terrasse, deux tourelles de plan carré sont desservies par l'escalier à vis de l'ensemble de la structure. Elles sont constituées de deux salles superposées couvertes d'une voûte d'ogives sous une terrasse. Il s'agit d'ouvrages de retranchement, probablement remaniés, qui assurent également une meilleure protection de la courtine.

Le premier étage et les terrasses des portes de la Marine et des Moulins sont accessibles; on peut voir le rez-de-chaussée de la porte de la Gardette (abritant l'office municipal du tourisme).

Le décor des ouvrages

Gargouille à décor de gueule de lion.

Les clefs, les culots de retombée des arcs des voûtes, quelques gargouilles forment un ensemble dans lequel on ne relève aucun programme décoratif cohérent. Transparaît toutefois une volonté satirique. Beaucoup de figures présentent des accessoires communs très marqués : capuchons, coiffes diverses, etc., qui contribuent à la définition grossière de catégories sociales. Le caractère grotesque des postures, l'accentuation caricaturale des traits des personnages vont dans le même sens. Les motifs varient : bêtes, monstres combattants ou androphages dominent sur les culots de l'enceinte, rarement ornés de sujets floraux – contrairement aux clefs de voûte, parfois aussi historiées. Les représentations de gargouilles appartiennent au bestiaire avec, de temps à autre, l'apparition de figures humaines.

Les petits ouvrages d'entrée

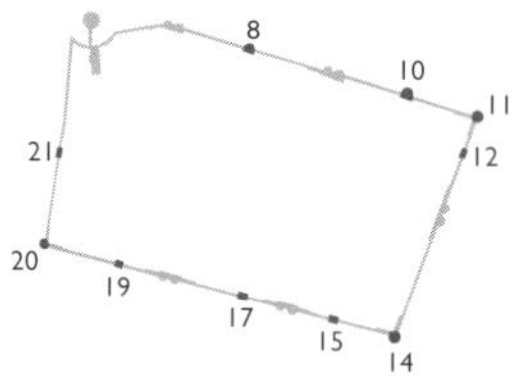

Portes des Cordeliers [12], de l'Arsenal [15], des Galions [17], de l'Organeau [19], des Remblais [21]

De plan rectangulaire, elles sont à cheval sur l'enceinte et se composent d'un passage au rez-de-chaussée, d'une salle à l'étage, voûtée d'ogives, couverte d'une terrasse cantonnée de quatre tourelles dont l'une renferme l'escalier. Herse et assommoir complètent l'ensemble. Dans la salle du haut, la voûte est percée d'une trappe communiquant avec la plate-forme, destinée soit à une poulie d'approvisionnement, soit à la manœuvre de la herse.

Les tourelles sont décoratives. On en distingue deux variantes dans l'ensemble de l'ouvrage. Les portes sont toutes accessibles, à l'exception de la terrasse des portes de l'Organeau et des Remblais.

Voûte de la salle d'étage de la porte des Cordeliers.

Les tours de flanquement

Tours du Sel [8] et de la Mèche [10]

Elles sont formées, côté campagne, d'un volume de plan semi-circulaire comportant deux salles superposées voûtées d'ogives et une terrasse. La communication entre les coursives se fait soit par une coursière extérieure passant derrière la salle haute, soit par la salle haute elle-même.

L'escalier est situé dans l'épaisseur du mur. Une fenêtre côté ville éclaire la salle basse. Chaque salle possède une cheminée. Ces tours sont accessibles à l'étage et en terrasse.

Partie haute de la porte des Cordeliers, sur le front sud-est, côté campagne.

Les tours d'angle

Tours de Villeneuve [11], de la Poudrière [14] et des Bourguignons [20]

Elles présentent un volume de plan semi-circulaire accolé à un volume polygonal. La salle basse, circulaire, est accessible par une porte depuis la « rue militaire » et la salle haute, également de plan circulaire, depuis le chemin de ronde, soit par la façade postérieure, soit par le flanc droit – tour des Bourguignons. L'escalier est aménagé dans l'épaisseur du massif. Les salles sont voûtées

Clef de voûte de la salle d'étage de la tour du Sel, sur le front nord-est.

d'ogives et leurs murs percés d'archères dont certaines, celles en flanquement, ont été remaniées en canonnières. Seule la tour des Bourguignons montre au rez-de-chaussée une fenêtre et une cheminée (visibles partout à l'étage). Des archères organisent la défense : cinq en salle basse – trois seulement aux Bourguignons –, cinq à sept en terrasse, en

Salle d'étage de la tour du Sel.

nombre plus irrégulier dans la salle haute, en particulier à la tour de Villeneuve qui n'en offre qu'une sur les six prévues. L'accès des salles hautes était commandé par un assommoir servi depuis la terrasse.

Seule la tour de Villeneuve est accessible au premier étage et en terrasse.

La ville

Double page suivante :

vue panoramique montrant le clocher de l'église Notre-Dame-des-Sablons, la place Saint-Louis, le front sud-ouest des remparts, l'étang de Psalmodi et les marais salants.

Après avoir franchi la porte principale de la Gardette, on découvre la place d'Armes et l'hôtel du Gouverneur par lequel on accède à la tour de Constance et aux remparts. En ressortant du logis du Gouverneur, on emprunte, à droite, la rue principale Jean-Jaurès,

ou Grand-Rue, puis, après s'être arrêté à l'église Notre-Dame-des-Sablons, on rejoint la place Saint-Louis où se dressent la statue du roi, l'hôtel de ville et la chapelle du couvent des Capucins. Dans la partie est de la ville on aperçoit la chapelle des Pénitents blancs puis celle des Pénitents gris et quelques autres maisons anciennes.

1
2 | 3
4

L'enceinte médiévale du XIIIe siècle enveloppe la petite ville dans un quadrilatère irrégulier de 16 hectares où les rues se croisent à angle droit. Les fortifications se composent de dix portes, dont cinq constituées de deux tours, et de six tours indépendantes, le tout déterminant seize courtines sur un périmètre de 1,62 kilomètre. Côté intérieur, une esplanade de 5 à 10 mètres de large les longe, initialement destinée à faciliter le déplacement de la garnison ; elle permet de découvrir la muraille, sauf entre la porte de la Gardette et la tour du Sel, où, de longue date, un empiétement privé en interdit l'accès.

On distingue schématiquement trois zones : une première, au nord, délimitée par la rue Jean-Jaurès et le boulevard Gambetta ; une deuxième, à l'extrémité de la rue Jean-Jaurès, avec la place Saint-Louis – le cœur de la cité – à égale distance des fronts nord-est et sud-ouest ; la troisième, au sud, formée par les rues Émile-Jamais et Sadi-Carnot, avec axe est-ouest entre les portes de la Reine et des Remblais.

Au n° 2, **rue Jean-Jaurès**, se remarque une importante maison, dans un état dégradé, dont il reste de grandes fenêtres surmontées de frontons courbes ; un ensemble de neuf consoles* de calcaire ornées de têtes féminines et masculines agrémente la façade ; aux n°s 7 et 19 de la même rue, des maisons de la première moitié du XVIIe siècle, fortement remaniées au XIXe, présentent en façade des consoles et des pilastres rainurés à chapiteaux sculptés.

Mentionnée dès 1260, l'église **Notre-Dame-des-Sablons**[23] – édifice à trois nefs de cinq travées et chevet plat – a été construite avant l'enceinte fortifiée, du vivant même de Louis IX, et complétée au XVe siècle par des chapelles latérales disposées entre les contreforts. Victime des « troubles de religion », elle

est dévastée en 1575, son clocher reconstruit aux XVIIe et XVIIIe siècles. Reconvertie en magasin à grains puis en entrepôt de sel, elle est rendue au culte au début du siècle dernier et restaurée il y a une trentaine d'années. Ses vitraux sont l'œuvre de Claude Viallat, artiste nîmois contemporain.

La **place Saint-Louis** [22], quoique depuis toujours au cœur de la vie de la cité, ne correspond pas au centre du quadrilatère mais à celui de sa moitié occidentale. Cette apparente curiosité s'explique par les étapes de sa construction : la ville est fondée en 1240, mais l'enceinte n'est finalement entreprise qu'après 1272. S'il existe un contraste entre la régularité du tracé des rues et la forme plus irrégulière des remparts, ne doit-on pas l'imputer au respect de constructions et d'une voirie antérieures et à des contraintes d'ordre géographique comme la présence d'un étang et d'une roubine aménagée ? La question reste posée.

Un premier **hôtel de ville** est mentionné dès la création de la ville au XIIIe siècle, qui paraît avoir été reconstruit au XVIe. Le bâtiment actuel date du XVIIe siècle, mais sa façade a été totalement remaniée au XIXe et son intérieur réaménagé, à l'exception de l'escalier.

Bordant le côté sud de la place, l'église de l'ancien **couvent des Capucins** [24] – fondé en 1622 afin d'aider à la conversion des protestants – est désormais un lieu d'exposition. Percée d'une grande arcade surmontée d'un oculus*, sa façade donne accès à un vaisseau unique rectangulaire.

Commandée par la ville d'Aigues-Mortes pour commémorer les septième et huitième croisades, la **statue de Louis IX** qui occupe le centre de la place a été réalisée en 1849 par le sculpteur James Pradier.

On peut découvrir, au hasard des rues, d'intéressants éléments d'architecture ou de décor : aux nos 19-25 de la rue de la République, aux nos 16, 26 et 28, rue Émile-Jamais, ainsi qu'aux nos 23 et 35 du boulevard Gambetta. Mais la maison la plus ancienne est certainement celle du n° 6 de la rue Paul-Bert, petite construction rectangu-

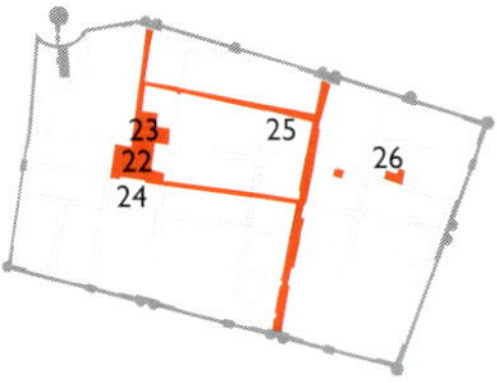

Église, dite «chapelle de la confrérie des Pénitents gris», rue Rouget-de-l'Isle.

laire du XVIe siècle, à un étage et combles, qui a pour particularité un mur pignon comme façade antérieure sur la rue, avec, au premier étage, les restes d'une fenêtre à larmier*.

La chapelle des **Pénitents gris**[26] – dont la confrérie semble remonter au début du XVe siècle – se situe rue Rouget-de-l'Isle. En 1575, lors des «troubles de religion», une première chapelle est détruite; une nouvelle est consacrée en 1611. Il s'agit d'une église à vaisseau unique et à chevet plat, bordée par un logis d'un plan très voisin de celui de la chapelle des Pénitents blancs.

La chapelle des **Pénitents blancs**[25], rue de la République, est un édifice assez simple, fait d'un vaisseau unique terminé par une abside semi-circulaire. Née d'une scission au sein des Pénitents gris, la confrérie a été fondée au XVIIe siècle, époque probable de la construction de la chapelle. Siège du comité révolutionnaire d'Aigues-Mortes, ses archives ont été détruites; au XIXe siècle, la confrérie – qui existe toujours – a commencé à reconstituer le mobilier de la chapelle.

Ces deux édifices se visitent sur demande formulée auprès de l'office municipal du tourisme, porte de la Gardette.

Aujourd'hui encore, la vie de la cité est largement tributaire des dispositions anciennes, en dépit des tentatives opérées en faveur d'un déplacement et d'une meilleure répartition de l'activité. Au-delà du boulevard Gambetta, l'animation reste très discrète, où de modestes maisons des XIXe et XXe siècles ont remplacé cabanes et jardins.

1
Place Saint-Louis, avec la statue de Louis IX et la façade de l'église de l'ancien couvent des Capucins.

2
Maison du XVIe siècle au n° 6 de la rue Paul-Bert.

3-4
Maisons à façade ornée, aux nos 19 et 2 de la rue Jean-Jaurès.

Fronton du portail de l'église dite «chapelle de la confrérie des Pénitents blancs», rue de la République.

Glossaire

Appareil : manière dont les matériaux qui constituent le parement des constructions sont taillés et agencés.

Archère, archière ou meurtrière : fente dans la muraille.

Assommoir : ouverture ménagée dans la voûte ou le plafond d'un passage couvert, permettant de lancer des projectiles sur l'assaillant qui s'y est engagé.

Barbacane : ouvrage avancé destiné à renforcer les défenses d'une porte.

Bastide : ouvrage de fortification.

Berceau : voûte dont le tracé continu est donné par un arc en plein cintre ou brisé.

Bossage : saillie en pierre brute ou taillée, formant une bosse, laissée sur le nu d'un mur en guise d'ornement ou pour recevoir des sculptures.

Brisé : se dit d'un arc, d'une arcade ou d'une voûte dont la courbe est formée de deux segments de cercle.

Carreaux et boutisses : appareil où les pierres sont disposées alternativement en longueur et en largeur.

Chicane : passage en zigzag qu'on est obligé d'emprunter.

Console : moulure saillante servant de support.

Consul : magistrat municipal.

Coursière : chemin de ronde.

Courtine : partie de rempart entre deux tours ou bastions.

Cul-de-basse-fosse : cachot souterrain.

Culot : support engagé dans un mur, généralement sculpté.

Donjon : tour principale d'un château fort ou d'une fortification, dernier retranchement de la garnison.

Échauguette : guérite établie en surplomb sur une enceinte fortifiée ou une tour afin d'en assurer la surveillance.

Empattement taluté : épaisseur de maçonnerie avec rebord courbe.

Escalier à vis : escalier tournant en colimaçon autour d'un noyau.

Herse : grille coulissante en bois ou en fer, armée de pointes, manœuvrée depuis l'étage supérieur de la porte principale d'une forteresse afin d'en interdire l'entrée.

Hourd : galerie de bois placée en encorbellement au sommet d'une muraille et par le plancher ajouré de laquelle on lance des projectiles sur l'ennemi.

Larmier : corniche en saillie sur le nu d'un mur, destinée à en écarter les eaux de pluie.

Latrines : lieux d'aisances.

Lido : lagune derrière un cordon littoral.

Merlon : partie pleine du parapet, au sommet du mur, comprise entre deux créneaux.

Môle : terre-plein en maçonnerie s'avançant dans un bassin pour embarquer ou débarquer des marchandises.

Oculus : fenêtre ronde appelée aussi œil-de-bœuf.

Parapet : mur à hauteur d'appui servant de garde-fou.

Pilastre : colonne plate engagée dans un mur, en légère saillie.

Radier : revêtement servant de fondation.

Tâcheron : ouvrier payé à la tâche.

Voile latine : voile triangulaire à antenne.

Orientation bibliographique

Aigues-Mortes

Pagézy (Jules), *Mémoires sur le port d'Aigues-Mortes,* Paris, 1879-1886, 2 vol.

Sablou (Jean), « Saint Louis et le problème de la fondation d'Aigues-Mortes », in *Hommage à André Dupont. Études médiévales languedociennes,* Montpellier, 1974, p. 255-265.

Saint Louis

Le Goff (Jacques), *Saint Louis,* Paris, Gallimard, coll. « Bibliothèque des histoires », 1996.

Richard (Jean), *Saint Louis, roi d'une France féodale, soutien de la Terre sainte,* Paris, 1983 (rééd., 1986).

Les croisades

Delor (Robert), dir., *Les Croisades,* Paris, Seuil, coll. « Points-Histoire », n° 100, 1988.

Grousset (René), *Histoire des croisades et du royaume franc de Jérusalem,* Paris, 1934-1936, 3 vol. (rééd., Paris, 1992).

Tate (Georges), *L'Orient des croisades,* Paris, Gallimard, coll. « Découvertes-Histoire », n° 129, 1991.

L'architecture

Canton d'Aigues-Mortes (Gard), Ministère des Affaires culturelles, Inventaire général des monuments et des richesses artistiques de la France, commission du Languedoc-Roussillon, Paris, Imprimerie nationale, 1973, 2 vol.

Fino (Jean-François), *Forteresses de la France médiévale, construction, attaque, défense,* Paris, 1970 (3e éd., 1977).

Sournia (Bernard), « Les fortifications d'Aigues-Mortes », *Congrès archéologique,* CXXXIV, 1976, p. 9-26.

Id., *Aigues-Mortes,* Paris, Caisse nationale des monuments historiques et des sites, coll. « Petites notes sur les grands édifices », 1981.

Id., *Aigues-Mortes,* Rennes, Ouest-France/Caisse nationale des monuments historiques et des sites, 1994.